Irena Sendlerowa

イレーナ・センドラー

ホロコーストの子ども達の母

平井美帆 著

汐文社

はじめに

二〇〇八年五月十二日。やさしい目をしたひとりのポーランド人女性《じょせい》が九八歳《さい》で亡《な》くなりました。その人の名前は、イレーナ・センドラー。

第二次世界大戦中《だいにじせかいたいせんちゅう》、ドイツ軍《ぐん》に占領《せんりょう》されていたポーランドで、ゲットー（ユダヤ人居住区《きょじゅうく》）から、二千五百人のユダヤ人の子どもたちを救《すく》った女性《じょせい》です。

当時、ホロコースト（ユダヤ人大虐殺《だいぎゃくさつ》）が行われていたポーランドでは、ユダヤ人を助《たす》けることは死刑《しけい》に値《あたい》する罪《つみ》でした。それでも、イレーナは自分の命《いのち》の危険《きけん》をかえりみず、ひとりでも多くの子どもを救《すく》おうと活動《かつどう》を続《つづ》けました。

どんな状況《じょうきょう》におかれても、決《けっ》してあきらめず、二千五百人もの子どもたちの命《いのち》を救《すく》ったイレーナ――。その勇敢《ゆうかん》な人生をのぞいてみましょう。

イレーナ・センドラー
―ホロコーストの子ども達の母―

もくじ

第1章

第《だい》二《に》次《じ》世《せ》界《かい》大《たい》戦《せん》とユダヤ人

貧《まず》しい患者《かんじゃ》を助《たす》けたお父さん

ポーランドは、東はロシア、西はドイツにはさまれたヨーロッパの中央《ちゅうおう》に位置《いち》する国です。首都《しゅと》のワルシャワには、中《ちゅう》世《せい》の王国時代《おうこくじだい》の面影《おもかげ》が残《のこ》り、うつくしい町並《まちな》みが広がっています。音楽家の「ショパン」、物理学者《ぶつりがくしゃ》の「キュリー夫人」の祖国《そこく》としても、ポーランドは知られています。

一九一〇年十月、ワルシャワでイレーナ・センドラーは生まれました。ところが二歳《さい》のとき、イレーナは咳《せき》のとまらない病気《びょうき》にかかってしまいました。両親《りょうしん》は娘《むすめ》のため、空気のきれいな郊外《こうがい》の町、オトフォツクへ引っ越《こ》します。

スウィダー川沿《ぞ》いにあるオトフォツクは、松の森に囲《かこ》まれた町です。

敬虔《けいけん》なカトリック教徒《きょうと》の両親《りょうしん》はオトフォックで、ひとりっ子のイレーナを大切に育《そだ》てました。

とくにイレーナが大きな影響《えいきょう》を受《う》けたのが、お医者《いしゃ》さんだったお父さんです。お父さんは友人たちと、貧《まず》しい人たちを助《たす》けるボランティア活動《かつどう》にもたずさわっていました。

お父さんはお金儲《かねもう》けではなく、人を助《たす》けることをとても大切にしていて、

「宗教《しゅうきょう》や人種《じんしゅ》、社会的《しゃかいてき》な身分《みぶん》に関係《かんけい》なく、すべての人を尊敬《そんけい》して愛《あい》するんだよ」

とイレーナに教えました。

イレーナは小さい頃《ころ》から、お父さんの診察《しんさつ》についていき、

病気《びょうき》の人たちの家をまわっていました。お父さんの患《かん》者《じゃ》さんの大半は、貧《まず》しい地《ち》域《いき》に住《す》んでいるユダヤ人です。

お父さんの働《はたら》く姿《すがた》を見て、イレーナは苦《くる》しんでいる人、困《こま》っている人を助《たす》ける大切さを学んでいきました。

イレーナの両親《りょうしん》

一九一四年、第一次世界大戦《だいいちじせかいたいせん》がはじまります。戦火《せんか》に包《つつ》まれたヨーロッパでは伝染病《でんせんびょう》が広まり、オトフォツクでも三年後に「発疹《ほっしん》チフス」が大流行《だいりゅうこう》しました。発疹《ほっしん》チフスは感染《かんせん》すると、命《いのち》を落《お》とすこともあるおそろしい伝染病《でんせんびょう》です。

オトフォックにはほかに三人の医師《いし》がいましたが、みんな、病気《びょうき》が移《うつ》ることをおそれて町を出ていってしまいました。

ところが、イレーナのお父さんだけは、「患者《かんじゃ》さんを治療《ちりょう》しなくてはいけない」と町に残《のこ》りました。

そして、お父さん自身《じしん》が、発疹《ほっしん》チフスに感染《かんせん》してしまったのです。イレーナが七歳《さい》のときでした。

「パパ、起《お》きている？」

イレーナはベッドで寝《ね》ているお父さんに話しかけました。

「イレーナ、病気《びょうき》が移《うつ》るから、この部屋《へや》に近づいてはいけないよ。向《む》こうへ行っていなさい」

「パパの病気《びょうき》はよくなる？」

「いや、残念《ざんねん》ながらよくならないようだ」

お父さんはすでに死《し》を覚悟《かくご》していました。ところが、その目には、病気《びょうき》の人たちを助《たす》けて、伝染病《でんせんびょう》に移《うつ》ってしまったことになんの悔《く》いもありません。

「イレーナ、明日からはお母さんと一緒《いっしょ》に、お父さんの友人の家でくらすんだよ。お父さんが頼《たの》んでおいたから」

「パパ……」

イレーナはお父さんと離《はな》れるのがつらくてたまりません。

すすり泣《な》く娘《むすめ》に向《む》かって、お父さんは言いました。

「イレーナ、これまでパパが教えたことを覚《おぼ》えているかい？

もし、誰《だれ》かがおぼれているのを見つけたら、必《かなら》ず、助《たす》けようとしなくちゃいけないよ。たとえ、自分は泳《およ》げなかったとしても」

こう言い残《のこ》すと、お父さんは大事《だいじ》なひとり娘《むすめ》に別《わか》れを告《つ》げました。そして、その年の暮《く》れ、静《しず》かに息《いき》を引き取《と》ったのです。

――誰《だれ》かが苦《くる》しい思いをしていたら、知らないふりをしてはいけない。何があっても、助《たす》けようとする努力《どりょく》が大切なんだよ。

イレーナはその後、大好《だいす》きだったお父さんの言葉《ことば》をしっかりと胸《むね》にきざんで、人生を歩んでいくことになるのです。

ポーランドのユダヤ人

イレーナは、ポーランドの首都《しゅと》にある名門のワルシャワ大学に入学します。

専攻《せんこう》した科目は、ポーランド文学と教育学《きょういくがく》。でも、イレーナは大学で学ぶうち、「お父さんのように困《こま》っている人を助《たす》けるために、社会福祉《しゃかいふくし》の仕事《しごと》をしたい」と考えるようになりました。

イレーナは人種《じんしゅ》や宗教《しゅうきょう》に関係《かんけい》なく、大学でたくさんの友だちを作りました。

ところが、ワルシャワ大学ではユダヤ人差別《さべつ》があって、イレーナは落胆《らくたん》します。

アーリア人は教室の左側《ひだりがわ》、ユダヤ人は右側《みぎがわ》に座《すわ》るように

こんな規則《きそく》まで、大学にはあったのです。「アーリア人」とは、インド・ヨーロッパ語族《ごぞく》に属《ぞく》する白人を指《さ》していて、当時ユダヤ人と区別《くべつ》するときにひんぱんに使われました。また、教授《きょうじゅ》に提出《ていしゅつ》するノートには、「アーリア人」「ユダヤ人」というスタンプが押《お》されたのです。

イレーナは日ごろから、「ユダヤ人をのけ者《もの》にするルールは、まちがっている」と感《かん》じていました。

中世《ちゅうせい》のポーランド王国時代《おうこくじだい》、ポーランドにはヨーロッパやロシアから多くのユダヤ人が移《うつ》り住《す》んできました。そのため、一九三〇年代《ねんだい》、ポーランドには約《やく》三四〇万人のユダヤ人が住《す》

んでいて、ポーランド人口の約《やく》十%を占《し》めていました。

ポーランドだけでなく、ヨーロッパでは長い間、ユダヤ人は差別《さべつ》されたり、迫害《はくがい》されたりしてきました。

それはなぜかというと、長い宗教《しゅうきょう》の歴史《れきし》が関係《かんけい》しています。

ユダヤ人とは、「ユダヤ教」という宗教《しゅうきょう》を信仰《しんこう》している人たちのことです。

ヨーロッパでは四世紀《せいき》から「キリスト教」が広まりました。キリスト教はもともとユダヤ教から生まれた宗教《しゅうきょう》ですが、キリスト教徒《きょうと》たちは、「イエス・キリスト」を神《かみ》だと認《みと》めないユダヤ教徒《きょうと》たちを迫害《はくがい》するようになります。

また、さまざまな偏見《へんけん》やうわさによって、ユダヤ教徒《きょうと》たちは、仕事《しごと》をうばわれ、住《す》む土地を追《お》われ続《つづ》けてきたのです。

一九一八年に第一次世界戦争《だいいちじせかいせんそう》が終《お》わったあとも、ヨーロッパでは政治的《せいじてき》に不安定《ふあんてい》な状態《じょうたい》が続《つづ》きました。そんな中、ポーランドでは「愛国主義《あいこくしゅぎ》」の風潮《ふうちょう》が高まり、移民《いみん》のユダヤ人に対する風当たりは強くなっていったのです。

ある日、イレーナがユダヤ人の友だちを含《ふく》む四人で、大学の廊下《ろうか》を歩いていると、数人の男子学生たちが近づいてきました。「反《はん》ユダヤ」の過激《かげき》な考えを持つグループです。

その中のひとりの男子学生はこぶしを出すと、突然《とつぜん》、ユダヤ人の女友だちの背中《せなか》を後ろから殴《なぐ》りつけました。

床《ゆか》に倒《たお》れた友だちは立ち上がり、

「やめてよ」

と抗議《こうぎ》の声をあげましたが、男子学生は楽しそうに笑《わら》っています。

こんな暴力《ぼうりょく》は許《ゆる》せない！　――イレーナは大きな体格《たいかく》の男子学生に立ち向《む》かいました。イレーナは身長《しんちょう》一五〇センチほどの小柄《こがら》な女性《じょせい》です。だけど、誰《だれ》にも負けない強い心を持《も》っていました。

「あなたは犯罪者《はんざいしゃ》よ」

「なんだと？」

男子学生は次《つぎ》にイレーナの肩《かた》を強く押《お》し、イレーナは床《ゆか》にしりもちをついてしまいました。

まわりに人が集《あつ》まってくると、過激派《かげきは》の学生たちはユダヤ人の悪口《わるくち》を口にしながら、その場を去《さ》っていきました。

学校内でも、ユダヤ人に対《たい》するいやがらせや暴力《ぼうりょく》はめずらしくはありません。

ユダヤ人だけではなく、ユダヤ人と一緒《いっしょ》にいるポーランド人も、攻撃《こうげき》の的《まと》になりました。

ある日、大学の教室で、イレーナはユダヤ人の友だちと一緒《いっしょ》に、ユダヤ人側《がわ》の席《せき》に座《すわ》りました。ユダヤ人を差別《さべつ》する学校の規則《きそく》に対《たい》して、抗議《こうぎ》の意《い》を表《あらわ》すためです。

授業《じゅぎょう》の途中《とちゅう》で、そのことに気づいた教授《きょうじゅ》は、

「イレーナ、きみはどうしてそこに座《すわ》ってるんだ？　アーリア人側《がわ》の席《せき》に移《うつ》りなさい」

と注意《ちゅうい》しました。

「先生、わたし、今日はユダヤ人なの」

立ち上がってそう言うと、イレーナは教室から追《お》い出されてしまいました。

また、別《べつ》の日には、イレーナはノートに押《お》された「アーリア人」のスタンプを線で消《け》して、教授《きょうじゅ》にノートを提出《ていしゅつ》しました。

こうしたできごとから、イレーナは大学の決まりをやぶった罰《ばつ》として、「停学処分《ていがくしょぶん》」になってしまいました。大学側《だいがくがわ》が許《ゆる》すまで、授業《じゅぎょう》には出られません。停学処分《ていがくしょぶん》は何年も続《つづ》き、イレーナは大学を卒業《そつぎょう》するのが遅《おく》れてしまいました。

それでも、まちがった規則《きそく》に抗議《こうぎ》したことに、イレーナは後悔《こうかい》していませんでした。

大学の教授《きょうじゅ》の中には、イレーナをきちんと評価《ひょうか》した人もいました。

イレーナの停学処分《ていがくしょぶん》を解《と》いた教授《きょうじゅ》は、こう言ったのです。

「イレーナ、きみは正しいことをしたんだよ。人を差別《さべつ》する規則《きそく》など、権威《けんい》あるワルシャワ大学にとって恥《は》ずかしいことだ」

ドイツ軍《ぐん》のポーランド侵攻《しんこう》

一九三三年、ドイツでは「ナチス」という政党《せいとう》を率《ひき》いる「アドルフ・ヒトラー」が首相《しゅしょう》になりました。

ヒトラーは、強い「反《はん》ユダヤ主義《しゅぎ》」の持《も》ち主《ぬし》でした。

「自分たちドイツ人こそが真《しん》のアーリア人で、もっとも優《すぐ》れた民族《みんぞく》である」

このように考えていたヒトラーは、人種《じんしゅ》や宗教《しゅうきょう》で人を差別《さべつ》して、ドイツ人以外《いがい》の民族《みんぞく》、とりわけユダヤ人を徹底的《てっていてき》に迫害《はくがい》したのです。

ヒトラーに率《ひき》いられたドイツは軍国主義《ぐんこくしゅぎ》の色合いを強めていき、再《ふたた》び、ヨーロッパは戦争《せんそう》の緊張《きんちょう》に包《つつ》まれていきました――。

一九三九年九月一日、ドイツ軍《ぐん》がポーランドに侵攻《しんこう》して、第二次世界大戦《だいにじせかいたいせん》がはじまりました。

ドイツ軍《ぐん》が攻《せ》めてきたワルシャワには、銃声《じゅうせい》や空襲《くうしゅう》が響《ひび》きわたりました。もう、平和《へいわ》だった町はありません。

九月十七日、今度《こんど》はソ連《れん》（今のロシア）がポーランドの東《ひがし》側《がわ》に攻《せ》めてきました。ポーランドは苦戦《くせん》を強《し》いられ、十月六日には国土の西半分をドイツ、東半分をソ連《れん》に占領《せんりょう》されてしまいます。

ドイツ軍《ぐん》の司令部《しれいぶ》が置《お》かれたワルシャワで、住民《じゅうみん》たちはおびえて生活しなければならなくなりました。

とりわけ、苦《くる》しい立場におかれたのはユダヤ人です。ドイツ軍《ぐん》は、あからさまにユダヤ人を迫害《はくがい》しはじめました。

ユダヤ人立ち入り禁止《きんし》

こんな張《は》り紙が町のいたるところに貼《は》られました。さらに、新しい規則《きそく》が次《つぎ》から次《つぎ》へと張《は》り出されていきます。

ユダヤ人は夜、外出してはいけない

ユダヤ人はラジオを聴《き》いてはいけない

十歳以上《さいいじょう》のユダヤ人は、ダビデの星を服《ふく》に着《つ》けなくてはならない

どれもこれも、ユダヤ人から、自由《じゆう》を奪《うば》うものばかりです。ナチス・ドイツはユダヤ人に、ユダヤ教徒《きょうと》を表《あらわ》すしるしのこと。「ダビデの星」とは、ユダヤ人に、「着《き》ている服《ふく》のうえに、ユダヤ人であるしるしをつけろ」と強要《きょうよう》したのです。

——家畜《かちく》みたいに、人間にしるしをつけるなんて！

ユダヤ人たちは、大人も子どもも、怒《いか》りと悲《かな》しみでいっぱいでした。

でも、どうすることもできません。ドイツは武力《ぶりょく》でポーランドを支配《しはい》していたのです。

ドイツ軍《ぐん》はユダヤ人にとって大切なシナゴーグ（ユダヤ教《きょう》会堂《かいどう》）を燃《も》やし、ユダヤ人の財産《ざいさん》、所有物《しょゆうぶつ》も力づくで奪《うば》っていきました。

当時二十九歳《さい》だったイレーナは、こんな状況《じょうきょう》に心を痛《いた》めていました。

イレーナは、ソーシャル・ワーカー（社会福祉士《しゃかいふくしし》）として、ワルシャワ市の社会福祉局《しゃかいふくしきょく》で働《はたら》いていました。イレーナの仕《し》事《ごと》は、身寄《みよ》りのない子ども、貧《まず》しい人、お年寄《としよ》りに、食事《しょくじ》や生活用品《せいかつようひん》、生活費《せいかつひ》の援助《えんじょ》などをすることです。

「苦《くる》しんでいるユダヤ人の人たちにも、支援《しえん》の物資《ぶっし》を届《とど》けたい！」

イレーナはそう思いましたが、表立《おもてだ》って、救《すく》いの手を差《さ》しのべることはできません。

ドイツ軍《ぐん》は、ユダヤ人への援助《えんじょ》をいっさい禁止《きんし》していました。もし、ユダヤ人を助《たす》けたことがばれたら、自分だけでなく、自分が助《たす》けた人たちも厳《きび》しく処罰《しょばつ》されてしまいます。

社会福祉局《しゃかいふくしきょく》で働《はたら》く同僚《どうりょう》たちと、イレーナは頭を抱《かか》えました。

「アイゼンさんは、病気《びょうき》のおじいさんと六歳《さい》のルティの二人ぐらしよ。薬《くすり》や食料《しょくりょう》の援助《えんじょ》を打《う》ち切ったら、くらしていけなくなってしまう」

「でも、イレーナ、ユダヤ人に物資《ぶっし》を届《とど》けたら、すぐにばれてしまうわ」

ドイツ軍《ぐん》に占領《せんりょう》されたワルシャワでは、ゲシュタポ（秘密《ひみつ》国家警察《こっかけいさつ》）やSS（ナチス親衛隊《しんえいたい》）が目を光らせて、ポーランドの人々を監視《かんし》していました。

「なんとかしなくては……」

イレーナの頭には、ルティの明るい笑顔《えがお》が浮《う》かびます。今もお腹《なか》をすかせているに違《ちが》いありません。

「そうだわ、彼《かれ》らを『キリスト教徒《きょうと》の名前』で登録《とうろく》すれば、ユダヤ人だとばれないはずよ！」

ユダヤ人であることは、ユダヤ人に特徴的《とくちょうてき》な名前でわかってしまうのです。ドイツ兵《へい》

当時《とうじ》のワルシャワの様子《ようす》

の目をごまかすには、とにかく、「ユダヤ人」であることをかくす必要《ひつよう》がありました。

イレーナはさらに、「この人たちは重《おも》い伝染病《でんせんびょう》にかかっていて、感染《かんせん》する危険《きけん》がある」とうその報告《ほうこく》をして、ドイツ兵《へい》が調《しら》べにこないようにしました。

そうして、イレーナは社会福祉局《しゃかいふくしきょく》から、ユダヤ人たちに援《えん》助《じょ》の物資《ぶっし》を届《とど》けることに成功《せいこう》したのです。

閉《と》じこめられたユダヤ人

戦争《せんそう》が激《はげ》しさを増《ま》すと、ドイツ軍《ぐん》は次《つぎ》にユダヤ人を町から追《お》い出しはじめました。ユダヤ人だけがくらす区域《くいき》を作って、そこにユダヤ人を無理《むり》やり、移住《いじゅう》させたのです。

こうした区域《くいき》は「ゲットー」と呼《よ》ばれ、ユダヤ人を隔離《かくり》させるための政策《せいさく》でした。逆《ぎゃく》に、もともとその区域《くいき》でくらしていたポーランド人たちは、ほかの場所《ばしょ》に引っ越《こ》しさせられました。

ポーランド各地には四百以上《いじょう》ものゲットーが作られました。その中で、もっとも大規模《だいきぼ》なゲットーが、ポーランドの首都《しゅと》にあった「ワルシャワ・ゲットー」でした。

一九四〇年十月、ユダヤ人たちは長い列《れつ》になって、ワルシャワ・ゲットーへと入っていきました。

ドイツ兵《へい》たちはどなったり、小突《こづ》いたりして、ユダヤ人たちを追《お》い立てます。

「はやく、歩け！」

「ゲットーに急《いそ》ぐんだ！」

ゲットーの出入り口には、銃《じゅう》を持《も》ったドイツ兵《へい》たちが見張《みは》りに立っていました。

《これから、いったい、どんな生活が待っているんだろう……。》

住《す》み慣《な》れた家から追《お》い出されたユダヤ人たちはみんな、不《ふ》安《あん》そうな顔をしています。ゲットーに持《も》って入ることが許《ゆる》された荷物《にもつ》は、最低限《さいていげん》の身《み》のまわり品《ひん》だけでした。

ゲットーの周《まわ》りでは、ユダヤ人労働者《ろうどうしゃ》たちが黙々《もくもく》とレンガを積《つ》み上げていました。ドイツ兵《へい》の命令《めいれい》で、ゲットーの「壁《かべ》」を作っているのです。

「もたもたするな！」

監視《かんし》しているドイツ兵《へい》が、作業《さぎょう》のおそい人をムチで叩《たた》きます。

一九四〇年十一月、ワルシャワ・ゲットーは、およそ三メートルもあるレンガの壁《かべ》で囲《かこ》まれてしまいました。

「せまい箱《はこ》」の中に、ユダヤ人は閉《と》じこめられてしまったのです……。

ゲットーに出入りするには、許可証《きょかしょう》が必要《ひつよう》になりました。もう以前《いぜん》のように、援助《えんじょ》の物資《ぶっし》を届《とど》けることができません。

「このまま、ユダヤ人の人たちを見捨《みす》てることなんて、できないわ」

イレーナはなんとかして、ゲットーに入る方法を見つけようと、いろいろな策《さく》をねりました。

そして、大学時代《だいがくじだい》の人脈《じんみゃく》を生かして、保健局《ほけんきょく》で働《はたら》いていたことのある知人に頼《たの》み、ゲットーに入る許可証《きょかしょう》を手に入れてもらったのです。それはゲットーの衛生状態《えいせいじょうたい》を調《しら》べるために、看護師《かんごし》だけに与《あた》えられる特別《とくべつ》な許可証《きょかしょう》でした。

その許可証《きょかしょう》を使って、イレーナと仲間《なかま》たちはゲットーに入り、ユダヤ人への支援《しえん》を続《つづ》けました。

ゲットーでくらす人たちは、たいへん苦《くる》しい生活を強《し》いられていました。

ひとつの部屋《へや》に九人も十人も押《お》しこまれ、ひとりで眠《ねむ》れるベッドなどありません。食料《しょくりょう》、生活用品《せいかつようひん》、衣服《いふく》、炭《すみ》——、ゲットーではすべてが足りません。

子どもたちにとって、ゲットーはあまりにもつらい場所《ばしょ》でした。

ゲットーには、運動場《うんどうじょう》も公園《こうえん》も庭《にわ》もありません。まったく、木々の緑《みどり》がないのです。学校には一時、行けなくなってしまいました。授業《じゅぎょう》が再開《さいかい》しても、伝染病《でんせんびょう》が流行《はや》るとすぐに閉鎖《へいさ》になってしまいます。

家で、ひとりぼっちの子がたくさんいました。

お父さん、お母さんは夜遅《おそ》くまで働《はたら》いていたり、ドイツ兵《へい》に捕《つか》まって強制収容所《きょうせいしゅうようじょ》に連《つ》れて行かれたりしたからです。

「何をしているの？」

あるとき、イレーナは、通りでしゃがんで集《あつ》まっている四人の男の子たちを見かけ、声をかけました。

「遊《あそ》んでいるんだ」

ひとりの男の子は答えました。

よく見てみると、タバコの空き箱《ばこ》がたくさん並《なら》んでいます。違《ちが》う柄《がら》の箱《はこ》を使って、男の子たちはゲームをしているのです。子どもたちが工夫《くふう》をして遊《あそ》んでいることに、イレーナは感《かん》心《しん》しました。

ゲットーでくらす子どもたちは、遊《あそ》び道具《どうぐ》など持《も》っていません。それでも、子どもたちは遊《あそ》びたいのです。

別《べつ》の男の子がイレーナにたずねました。

「ねえ、いつになったらここから出られるの？　ぼく、もう、うんざりだよ」

そのとき、となりにいた男の子たちがこう言いました。

「外に出てもこわいよ。ドイツ兵《へい》に見つかったら、すぐに殺《ころ》されるんだ。はやく、ドイツが戦争《せんそう》に負《ま》ければいいんだ」

イレーナはシッと指《ゆび》で合図をして、男の子に注意《ちゅうい》しました。ドイツ兵《へい》に聞かれては大変なことになります。

ほんのささいなことでも、ユダヤ人に対《たい》する罰《ばつ》は「死刑《しけい》」でした。夜に外を歩いていたり、「ダビデの星」をつけていなかったりしただけでも、ドイツ兵《へい》はユダヤ人に向《む》けて発砲《はっぽう》することがあったのです。

「外でそんなことを言ってはだめよ。誰《だれ》かが聞いているかもしれないわ。戦争《せんそう》が終《お》わるまでのしんぼうよ」

「……うん」

イレーナが注意《ちゅうい》すると、男の子はうつむいて答えました。

ユダヤ人の子どもたちは、たくさんのことを我慢《がまん》しなくてはなりません。

家族《かぞく》と一緒《いっしょ》にいること、思いきり笑《わら》うこと、お腹《なか》いっぱい食べること……。ゲットーでのくらしが長くなるにつれて、子どもたちからどんどん、笑顔《えがお》が消《き》えていきます。

支援物資《しえんぶっし》を届《とど》けるためにゲットーへ通ううち、イレーナは「子どもたちを助《たす》けなければならない」と強く感《かん》じるようになりました。

ドイツ軍《ぐん》に占領《せんりょう》されて、ポーランドの人々も自由《じゆう》を奪《うば》われた生活をしていました。だけど、もっと、たいへんな目にあっているのはユダヤ人でした。
そして、ユダヤ人の中でも、一番つらい思いをしていたのは子どもたちだったからです。

ゲットーではいつ、危険《きけん》な目にあってもおかしくはありません。

毎回、許可証《きょかしょう》で出入りしてはドイツ兵《へい》にあやしまれるので、イレーナはゲットーへの「秘密《ひみつ》の抜《ぬ》け道」もよく使《つか》いました。

ゲットーの通りのあちこちでは、銃《じゅう》を肩《かた》から提《さ》げたドイツ兵《へい》が見張《みは》っています。制服《せいふく》を着《き》た人の中には、ユダヤ教徒《きょうと》のしるしである「ダビデの星」をつけた男たちもいました。彼《かれ》らは「ユダヤ人警察《けいさつ》」です。

同じユダヤ人なのに、ユダヤ人警察《けいさつ》はドイツ兵《へい》の手下《てした》でした。誰《だれ》かが夜に外を歩いたり、ダビデの星のつけ方を間違《まちが》えたりすると、厳《きび》しく取《と》りしまりました。

「おい、待《ま》て！」

こんなふうに、イレーナが呼《よ》び止められることもありました。

イレーナが、「ダビデの星」の布《ぬの》切れを服《ふく》のうえにつけていたからです。

「どこへ、行くんだ？」

ドイツ兵《へい》は、イレーナをあやしげな目でにらみつけました。

「わたしはポーランド人の看護師《かんごし》で、通行許可証《つうこうきょかしょう》を持《も》っています。ゲットーの中の伝染病患者《でんせんびょうかんじゃ》を探《さが》しているところです」

イレーナは慌《あわ》てないで、そう説明《せつめい》しました。

「許可証《きょかしょう》を見せるんだ!」

イレーナが許可証《きょかしょう》の紙を見せると、ドイツ兵《へい》はそのまま立ち去《さ》りました。

イレーナはゲットーに入るとき、ユダヤ人と同じように、「ダビデの星」をつけることにしていました。ユダヤ人に間《ま》違《ちが》われると危険《きけん》なのは、わかっていました。

それよりも、ゲットーでおびえてくらしている人たちに、「わたしはあなたの敵《てき》ではなくて、味方《みかた》ですよ」と伝《つた》えたかったのです。

ホロコースト

ドイツがソ連《れん》に勝《か》ち進《すす》み、ポーランド全土《ぜんど》を支配下《しはいか》におさめると、ヒトラーの「ユダヤ人政策《せいさく》」はいっそう厳《きび》しくなりました。

ワルシャワ・ゲットーには、ポーランドだけでなく、ヨーロッパ各地《かくち》のユダヤ人も移送《いそう》されてきました。わずか約《やく》十キロ平方《へいほう》メートルの区域《くいき》に、約《やく》四十五万人以上《いじょう》が詰《つ》めこまれたのです。

ゲットーは大勢《おおぜい》の人で混雑《こんざつ》し、ますます食料不足《しょくりょうぶそく》はひどくなります。

ドイツ軍《ぐん》は食料《しょくりょう》を配給《はいきゅう》していましたが、ごくわずかな量《りょう》しか送《おく》ってきません。最初《さいしょ》からくさっているジャガイモが、届《とど》いたこともありました。ときには、野菜《やさい》やミルクの缶《かん》が、下《げ》水管《すいかん》を通してゲットー内へ押《お》しこまれました。

「一切れのパンをください……」

ゲットーの路上《ろじょう》では、物ごいをする人たちが増《ふ》えていきました。ぼろぼろの服《ふく》を着《き》た子どもたちの姿《すがた》もあります。

食べるものを手に入れるため、ユダヤ人たちは禁《きん》じられていた「やみ取引《とりひき》」に頼《たよ》るしかありません。自分たちのごくわずかな財産《ざいさん》、家具《かぐ》などを売って、外の地域《ちいき》から食料《しょくりょう》を手に入れるのです。

やみ取引《とりひき》の運《はこ》び役《やく》には、ゲットーの子どもたちが大活躍《だいかつやく》しました。

小さな体を生かして、上着《うわぎ》の内ポケットにパンや野菜《やさい》をかくすと、壁《かべ》の小さな穴《あな》やすき間《ま》をくぐり抜《ぬ》けます。

中には、ドイツ兵《へい》に見つかって、その場で撃《う》ち殺《ころ》されてしまう子どももいました。それでも、たくさんの子どもたちが食べものを運《はこ》び続《つづ》けました。家族《かぞく》を助《たす》けるために——。

苦《くる》しみは、「飢《う》え」だけではありません。

ゲットーには、電気、ガス、下水管《げすいかん》などの設備《せつび》がない建物《たてもの》がたくさんありました。水は汚《よご》れていて、石けんはほとんど手に入りません。

そんな不潔《ふけつ》な環境《かんきょう》では、チフス、結核《けっかく》などの伝染病《でんせんびょう》がひんぱんに流行《りゅうこう》しました。ところが、病気《びょうき》にかかっても、ゲットー内では医師《いし》も薬《くすり》も不足《ふそく》しています。成《な》す術《すべ》もなく、命《いのち》を落《お》としていく人が後を絶《た》ちませんでした。

さらに冬がやってくると、厳《きび》しい寒《さむ》さとの闘《たたか》いです。暖房器具《だんぼうきぐ》も暖《あたた》かい服《ふく》もなく、ゲットーの人々は家の中でもこごえていました。少しでも寒《さむ》さをしのごうと、窓枠《まどわく》、家具《かぐ》、板《いた》切れなどを燃《も》やす人もいます。

ワルシャワ・ゲットーはまさに、「死《し》」ととなり合わせの場所《ばしょ》でした。

飢《う》え、病気《びょうき》、寒《さむ》さなどによって、一カ月間に五千人から六千人もの人たちが亡《な》くなったのです。

ユダヤ人が無残《むざん》な死《し》に追《お》いやられている間、大半のポーランド人は沈黙《ちんもく》していました。助《たす》けの手を差《さ》しのべたのは、ごくわずかな人たちだけです。

同じ人間がこんなにひどい状況《じょうきょう》に追《お》いやられているのに、助《たす》けようとしない世間《せけん》の人々に対《たい》して、イレーナは怒《いか》りを感《かん》じていました。

――ゲットーはまるで地獄《じごく》だわ。ほかの人たちはなぜ、手を差《さ》しのべようとしないの？　見て見ぬふりをしているの？　だまって見ていることは、ドイツ兵《へい》の味方《みかた》をしているようなものだわ！

イレーナのエネルギーの源《みなもと》は、ユダヤ人に対《たい》する同情《どうじょう》だけではありません。人種《じんしゅ》や宗教《しゅうきょう》で人を迫害《はくがい》することへの怒《いか》り。ナチスの残虐《ざんぎゃく》な行為《こうい》への怒《いか》り。そして、理不尽《りふじん》に殺《ころ》されていくユダヤ人を、助《たす》けようとしない社会への怒《いか》りもあったのです。

ポーランドの人々はドイツ軍《ぐん》だけでなく、まわりの目もおそれていました。ユダヤ人を助《たす》けると、「ユダヤ人の親類《しんるい》がいるんだろう」とうわさを立てられたり、ドイツ兵《へい》に密告《みっこく》されたりしたからです。また中には、ヒトラーのように、ユダヤ教徒《きょうと》をうとましく思っていた人もいました。ユダヤ人迫害《はくがい》の背景《はいけい》には、ヨーロッパに根強《ねづよ》く残《のこ》っていたユダヤ人差別《さべつ》があったのです。

その頃《ころ》、ヒトラー率《ひき》いるナチスは、ヨーロッパ全土《ぜんど》のユダヤ人に対《たい》して、おそろしい計画を進《すす》めていました。ユダヤ人を隔離《かくり》するだけでなく、全員《ぜんいん》、殺《ころ》してしまおうと決めたのです。「ホロコースト」と呼《よ》ばれるユダヤ人大虐殺《だいぎゃくさつ》です。

ポーランド国内にはトレブリンカ、ヘウムノ、ベウジェツ、アウシュヴィッツなどに、「絶滅収容所《ぜつめつしゅうようじょ》」と呼《よ》ばれる死の施《し》設《せつ》が建設《けんせつ》されました。

一九四二年七月二十二日、ドイツ兵《へい》はワルシャワ・ゲットーの住民《じゅうみん》をブロックごとに分けました。

「ポーランドの東部《とうぶ》へ、移《うつ》り住《す》むために移動《いどう》するんだ」

そう説明《せつめい》すると、七千人ほどをゲットーの北側《きたがわ》にある広場「ウムシュラークプラッツ」に移動《いどう》させました。そこで、家《か》畜用《ちくよう》の貨物車《かもつしゃ》に乗《の》るように命令《めいれい》したのです。

貨物車《かもつしゃ》には、空気の通る穴《あな》も、窓《まど》もありません。そこに大《おお》勢《ぜい》の人を詰《つ》めこむと、ドイツ兵《へい》は「かんぬき」をかけました。ぎゅうぎゅう詰《づ》めの貨物車《かもつしゃ》の中で、多くの人たちが命《いのち》を落《お》としました。

貨物車《かもつしゃ》が向《む》かった先は——、ワルシャワから北東へ約《やく》九十キロはなれたトレブリンカでした。

「男は右、女と子どもは左に並《なら》べ！」

到着《とうちゃく》するやいなや、ドイツ兵《へい》はユダヤ人たちに列《れつ》に並《なら》ぶように命令《めいれい》しました。

そして、「シャワーを浴《あ》びるから」と言い、ユダヤ人たちを猛毒《もうどく》のふき出る「ガス室」へ送《おく》りこんでいったのです……。

しだいに、ゲットーではうわさが広まっていきました。

「昨日《きのう》は、向《む》かいの通りに住《す》んでいた人たちがみんな、トレブリンカへ連《つ》れて行かれたわ。次《つぎ》はわたしたちの番かもしれない……」

「トレブリンカでは働《はたら》かされるらしい」

「いや、みんな殺《ころ》されるんだ。毒《どく》ガスの出る部屋《へや》を作っているって聞いたよ」

「まさか、そんなことが……」

ゲットーは、さらに大きな恐怖《きょうふ》と絶望《ぜつぼう》に包《つつ》まれていきました。

来る日も来る日も、ゲットーの住民《じゅうみん》たちは六千人から七千人ずつ、貨物車《かもつしゃ》に乗《の》せられ、トレブリンカへ送《おく》られていきました。家の中にかくれているのが見つかったり、抵抗《ていこう》したりした人は、その場でドイツ兵《へい》に射殺《しゃさつ》されました。

一九四二年七月から九月までの二カ月間に、ワルシャワ・ゲットーの住民《じゅうみん》、およそ二十八万人が、トレブリンカ絶滅収《ぜつめつしゅう》

トレブリンカ強制収容所《きょうせいしゅうようじょ》の看板《かんばん》

容所《ようじょ》のガス室で殺《ころ》されたのです。

ワルシャワ・ゲットーには、まだ七万人ほどのユダヤ人が残《のこ》っていました。約《やく》半数《はんすう》は、ゲットーにあるドイツ軍《ぐん》の工場や店で働《はたら》かされている人たち。残《のこ》りの半《はん》数《すう》は、廃屋《はいおく》や地下室にかくれている人たちです。

もはや、一刻《いっこく》の猶予《ゆうよ》もあ

りません。

《生き残《のこ》っている人たちをひとりでも多く、救《すく》いたい……！》

イレーナは仲間《なかま》とともに、新しく結成《けっせい》された「ジェゴタ」という地下組織《ちかそしき》に加わり、子ども対策部門《たいさくぶもん》のリーダーになりました。「ジェゴタ」はユダヤ人を救《すく》うために、亡命《ぼうめい》したポーランド政府《せいふ》の支援《しえん》によって結成《けっせい》された地下組織《ちかそしき》です。

イレーナたちは「秘密《ひみつ》の場所《ばしょ》」にひんぱんに集《あつ》まって、作戦《さくせん》を立て、情報《じょうほう》を交換《こうかん》しました。

「ヨランタ、ゲットーに入るのは本当につらいことだわ。今日は女性《じょせい》がドイツ兵《へい》に撃《う》たれたところを見たの。彼女《かのじょ》は何もしていないのに……。どうしたら、この痛《いた》みを乗《の》りこえられるの？」

仲間《なかま》のマリーンがため息《いき》をついて、イレーナに言いました。

「ヨランタ」は、イレーナの暗号名《あんごうめい》です。ドイツ兵《へい》や密告者《みっこくしゃ》にばれないように、イレーナたちはお互《たが》いを本当の名前ではなく、違《ちが》う名前で呼《よ》びあっていました。いつどこで、誰《だれ》が、聞き耳を立てているかわかりません。

「わたしだってつらいわ。でも、泣《な》いたり、絶望《ぜつぼう》したりしている時間はないわ。急《いそ》がなければ、ナチスはユダヤ人をみんな、トレブリンカへ移送《いそう》してしまう……。

いつか必《かなら》ず、戦争《せんそう》は終《お》わる。そのとき、こんなことは二度《にど》と起《お》きてはいけないと、多くの人が考えなくちゃいけないのよ」

家族《かぞく》の説得《せっとく》、子どもの救出《きゅうしゅつ》、かくれ家の確保《かくほ》、援助《えんじょ》のための資金調達《しきんちょうたつ》、「アーリア人」のうその身分証作成《みぶんしょうさくせい》——。ゲットーの子どもたちを救《すく》うには、やらなくてはいけないことが山ほどありました。

ジェゴタの子ども部門《ぶもん》には二十五人ほどのメンバーがいて、大半が女性《じょせい》でした。イレーナはメンバーに任務《にんむ》をわりふると、自ら先頭に立って、死《し》に直面《ちょくめん》している子どもたちを助《たす》けることを心に誓《ちか》いました。

「ひとりでも多くの子どもを、ゲットーから脱出《だっしゅつ》させなくちゃいけないわ。とにかく、子どものいる家族《かぞく》を調《しら》べて、直接《ちょくせつ》、会いに行きましょう！」

こうして、命《いのち》がけの救出活動《きゅうしゅつかつどう》がはじまりました——。

第2章

ゲットーからの救出《きゅうしゅつ》

泣《な》いている時間はない

イレーナは、ゲットーのミラ通りにある古い建物《たてもの》へ急《いそ》ぎました。

窓《まど》は割《わ》れ、古びたレンガの壁《かべ》は今にもくずれ落《お》ちそうです。地下室のドアをたたくと、赤ちゃんを抱《だ》いた若《わか》い女性《じょせい》が現《あらわ》れました。

イレーナは声をひそめて言いました。

「ハイマンさんですね？　わたしはヨランタと言って、地下《ちか》組織《そしき》ジェゴタのメンバーです。今日は子どもたちのことで大《だい》事《じ》な話があって、ここへ来ました」

「子どもたちのことで……？　サラ、奥《おく》の部屋《へや》にいってなさい」

ハイマン夫人《ふじん》のとなりにいた六歳《さい》の女の子・サラは、やせ細り、青白い顔をしていました。彼女《かのじょ》が抱《だ》いている生後五カ月の女の子・タマラも、元気がありません。

「子どもたちを一日でもはやく、ゲットーの外へ出さなくては助《たす》からないわ」

イレーナは、ハイマン夫人《ふじん》に子どもたちを手放《てばな》して、外のかくれ家へ預《あず》けることをすすめました。

「そんなこと、できない。娘《むすめ》たちと離《はな》れるなんて……」

ハイマン夫人《ふじん》が大きな声を出すと、驚《おどろ》いたタマラが、か細い声で泣《な》き出してしまいました。お腹《なか》もすいているに違《ちが》いありません。

イレーナはハイマン夫人《ふじん》の目を見て、一生懸命《いっしょうけんめい》、語りかけました。

「ハイマンさん、落《お》ちついて聞いてちょうだい。子どもたちをゲットーの外に移《うつ》さないと、飢《う》えて死《し》ぬか、トレブリンカに連《つ》れていかれるか、どちらかなのよ」

厳《きび》しい言葉《ことば》でしたが、目の前にある現実《げんじつ》を見なければ、子どもの命《いのち》は救《すく》えないのです。

トレブリンカという言葉《ことば》を聞いて、ハイマン夫人《ふじん》ははっとして顔を上げました。

「あなたの言うとおりにすれば、サラとタマラは助《たす》かるの？」

「保障《ほしょう》はできないわ。でも、このままでは二人とも生き残《のこ》れないことだけは確《たし》かよ。戦争《せんそう》が終《お》わったら、また家族一緒《かぞくいっしょ》にくらせるように努力《どりょく》するわ」

「……ヨランタさん、少し考える時間をください」


その日の夜、ハイマン夫人《ふじん》は夫《おっと》のヨーゼルに、イレーナの提案《ていあん》を打《う》ち明けました。

「子どもたちを知らない人に預《あず》けるなんて、ぼくは反対《はんたい》だよ」

ヨーゼルは首を横《よこ》にふりました。

「わたしだって、そんなことしたくないわ。でも、せめて、子どもたちだけでも助《たす》かるのなら……」

「外に出たって、ユダヤ人であることがばれたら、サラとタマラは殺《ころ》されてしまうんだ」

「ヨランタさんは、あの子たちのために、安全《あんぜん》なかくれ家を探《さが》してくれるそうよ」

子どもたちと離《はな》れたら、もう二度《にど》と会えないかもしれない。ハイマン夫人《ふじん》はそう感《かん》じていました。でも、イレーナの言うとおり、このままゲットーにいれば、誰《だれ》も生き残《のこ》れないでしょう。

「わたしたちと一緒《いっしょ》にいたら、サラとタマラは死《し》んでしまうわ。だったら、一%でも、あの子たちが助《たす》かる道を選《えら》びたいの。わたしはサラとタマラには生き残《のこ》ってほしい！」

ハイマン夫人《ふじん》は夫《おっと》に強く訴《うった》えました

「……わかった」

ヨーゼルは近くで寝《ね》ているサラの顔を見つめたまま、言いました。いつの日か、必《かなら》ずどこかで再会《さいかい》できることを願《ねが》いながら――。

イレーナにとっても、子どもを親から引き離《はな》すことはとてもつらいことでした。

イレーナにも息子《むすこ》と娘《むすめ》、二人の子どもがいます。ハイマン夫人《ふじん》たちの心の痛《いた》みは、自分のことのように感《かん》じられました。でも、一緒《いっしょ》に悲《かな》しむだけでは、子どもたちの命《いのち》を救《すく》うことはできません。

イレーナは子どものいる親たちに、必死《ひっし》に説得《せっとく》を続《つづ》けました。

多くの母親たちは、初《はじ》めて会ったばかりのイレーナにたずねました。

「どうして、あなたのことを信用《しんよう》できるの？」

知らない人に子どもを預《あず》けるなんて、ふつうでは考えられません。

そんなとき、イレーナはこう言いました。

「あなたの言うとおりだわ。あなたはわたしを信用《しんよう》すべきではない。それでも、子どもの命《いのち》を救《すく》うには、ほかに方法《ほうほう》はないのよ」

カトリック教徒《きょうと》のポーランド人家庭《かてい》に、子どもを預《あず》けることをいやがる人も少なくありませんでした。子どもが無理《むり》やり、キリスト教に改宗《かいしゅう》させられてしまう心配《しんぱい》があったからです。

でも、イレーナの目的《もくてき》は、宗教《しゅうきょう》を変《か》えることではありません。命《いのち》を救《すく》うことです。

あるときには、こんな悲《かな》しいできごともありました。両親《りょうしん》は賛成《さんせい》してくれたのに、おじいさん、おばあさんが強く反対《はんたい》したため、イレーナは彼《かれ》らの子どもを連《つ》れて出ることができませんでした。

翌日《よくじつ》、イレーナが再《ふたた》びその家族《かぞく》を訪ねてみると、家の中は空っぽで誰《だれ》もいません……。彼《かれ》らは全員《ぜんいん》、その日の朝にトレブリンカへ移送《いそう》されていたのです。

助《たす》ける勇気《ゆうき》

ゲットーの外に出た子どもたちには、かくれ家が必要《ひつよう》です。

ところが、ユダヤ人の子どもをかくまってくれるポーランド人を見つけることはとても難《むずか》しいことでした。ドイツ兵《へい》に見つかれば、家族全員《かぞくぜんいん》が殺《ころ》される危険《きけん》があったからです。

こうしたことから、里親を見つけることは困難《こんなん》をきわめ、多くの子どもたちは教会や孤児院《こじいん》、修道院《しゅうどういん》にかくれていました。

でも、イレーナの知っている施設《しせつ》は、もうどこもいっぱいです。

イレーナはあきらめず、協力《きょうりょく》してくれそうな人たちを探《さが》し出しては、何度《なんど》も頼《たの》みにいきました。

「スタインバーグさん、大切なお話があります」

「きみは誰《だれ》だい？　ドイツ兵《へい》のスパイかい？」

家の近くの通りで、イレーナから声をかけられたスタインバーグ医師《いし》は、警戒心《けいかいしん》をあらわにしました。

「わたしはヨランタといって、ジェゴタの仲間《なかま》と一緒《いっしょ》に、ユダヤ人の子どもたちを助《たす》ける活動《かつどう》をしています」

イレーナは、サラとタマラをかくまってほしいと頼《たの》みました。

「そんなことは……、できないよ」

スタインバーグ医師《いし》の顔はこわばってしまいました。

「考え直してくれませんか？　教会や孤児院《こじいん》はもう満員《まんいん》で、子どもたちのかくれ家が足りないのです」

イレーナは、サラとタマラにうその「アーリア人」の身分《みぶん》証《しょう》を発行《はっこう》することも伝《つた》えました。万一、ゲシュタポ（秘密国《ひみつこっ》家警察《かけいさつ》）が調《しら》べにやってきても、この身分証《みぶんしょう》を見せれば、二人がユダヤ人であることをかくし通せます。

それでも、スタインバーグ医師《いし》は首をたてにふりません。

「ヨランタさん、ぼくには家族《かぞく》がいて、自分の子どもだって二人いるんだ。もし、ドイツ兵《へい》にユダヤ人をかくまっていたことがばれたら……、自分だけでなく、家族《かぞく》も殺《ころ》されてしまう」

「スタインバーグさん――」

「こんな話はもうしないでくれ！」

スタインバーグ医師《いし》は頭を抱《かか》えるようにして、立ち去《さ》ろうとしました。

イレーナはあきらめませんでした。イレーナにとって、ゲットーの子どもたちは、自分の子どもと同じくらい大切な存《そん》在《ざい》でした。その命《いのち》を失《うしな》うわけにはいきません。

「スタインバーグさん、あなたはたいへん勇気《ゆうき》のある人で、これまでにたくさんの人を救《すく》ってきたと聞きました。……他人を救《すく》うことは、自分との闘《たたか》いです。心の闘《たたか》いなんです。あなたの思いやりが、恐怖《きょうふ》に負《ま》けるわけにはいかない。この子たちは逃《に》げ場がなければ、そのうちゲットーで死《し》ぬか、トレブリンカへ送《おく》られてしまうのですよ」

イレーナの熱意《ねつい》が、スタインバーグ医師《いし》の心を動《うご》かしました。

「……二人を預《あず》かろう」

「感謝《かんしゃ》します、スタインバーグさん。ひとつだけ、約束《やくそく》をしてください。いつか戦争《せんそう》が終《お》わったとき、子どもたちを本当の家族《かぞく》のもとに戻《もど》してほしいのです」

「ああ、約束《やくそく》しよう」

サラとタマラの行き先が決まった瞬間《しゅんかん》です。

イレーナの頭には、お母さんにしがみついていたサラ、お母さんの腕《うで》に抱《だ》かれていたタマラの顔が浮《う》かびました。

そして、娘《むすめ》たちを助《たす》けたい一心で、二人と離《はな》れる決断《けつだん》をした両親《りょうしん》の顔も……。


翌日《よくじつ》、イレーナはサラとタマラを迎《むか》えに行きました。

ハイマン夫妻《ふさい》は悲《かな》しそうな顔をして、長女サラの手をにぎりしめています。

「せめて、サラとタマラは離《はな》れないようにしてほしいの」

「心配《しんぱい》しないで。二人を一緒《いっしょ》に預《あず》かってくれるポーランド人家庭《かてい》を見つけたわ」

「……ありがとう、ヨランタさん」

夫《おっと》のヨーゼルは、タマラを抱《だ》いていました。生後五カ月のタマラには鎮静剤《ちんせいざい》を与《あた》えたので、よく眠《ねむ》っていました。

ハイマン夫人《ふじん》はしゃがみこむと、サラにやさしく語りかけました。

「サラ。ヨランタさんは、あなたたちを安全《あんぜん》な場所《ばしょ》へ連《つ》れて行ってくれる人だって言ったでしょ？　ここよりもずっと居《い》心地《ごこち》がよくって、食べものだってあるところよ」

「ママといっしょでないと、いや！」
サラは母親にしがみついて離《はな》れません。
「どうして、ママも一緒《いっしょ》じゃないの？」
「今、大人は無理《むり》なのよ。ドイツ兵《へい》に見つかってしまうわ」
サラの両目《りょうめ》はみるみるうちに、涙《なみだ》でいっぱいになりました。
それでも、ハイマン夫人《ふじん》は説得《せっとく》を続《つづ》けました。自分は死《し》ん
でも、サラには、なんとしてでも生き残《のこ》ってほしいからです。
これからも成長《せいちょう》して大きくなって、友だちをたくさん作って、
たくさん笑《わら》って――、もっともっと、明るい人生を生きてほ
しいからです。
「最後《さいご》のお別《わか》れではないのよ。サラはもうお姉さんだから、
わかってくれるでしょ？」

「すぐにまた会える？」

「もちろんよ。絶対《ぜったい》に、タマラと離《はな》れてはだめよ。戦争《せんそう》が終《お》わったら、迎《むか》えに行くから」

夫《おっと》のヨーゼルも泣《な》いていました。つらいお別《わか》れでした。だけど、もう行かなくてはなりません。まわりにいる誰《だれ》かが、ドイツ兵《へい》に告《つ》げ口するかもしれません。

イレーナは二人の子どもを大きな荷袋《にぶくろ》の中にかくして、手《て》押《お》し車に乗《の》せました。

背後《はいご》から、ハイマン夫人《ふじん》の大きな泣《な》き声が聞こえてきます。

悲《かな》しい親子の心の叫《さけ》びをふり切るようにして、イレーナはサラとタマラをかくした手《て》押《お》し車を前へ進《すす》めました――。

命《いのち》がけの脱出作戦《だっしゅつさくせん》

ゲットーの出入り口はもちろん、周辺《しゅうへん》の通りでは、あちこちにドイツ兵《へい》がいて、監視《かんし》の目を光らせています。

イレーナは知恵《ちえ》をしぼり、ありとあらゆる脱出《だっしゅつ》の方法《ほうほう》を考えました。

自分の足で歩ける大きな子どもには、「裁判所《さいばんしょ》のルート」。ゲットーの端《はし》にある古い裁判所《さいばんしょ》の壁《かべ》には、秘密《ひみつ》の抜《ぬ》け穴《あな》があったのです。地下のトンネル、下水管《げすいかん》を通る方法《ほうほう》もよく使《つか》いました。それから、救急車《きゅうきゅうしゃ》のストレッチャーの下にかくして運《はこ》ぶ方法《ほうほう》——。

もし、子どもがポーランド語を話せて、キリスト教のお祈《いの》

りを上手にいえるときは、ゲットーの端《はし》にある教会を通りま
す。ゲットー側《がわ》の入り口から入って、アーリア人地区《ちく》への出
口から、ポーランド人の里親と一緒《いっしょ》に「キリスト教徒《きょうと》」のふ
りをして出ていくのです。
　小さな子どものときは、麻袋《あさぶくろ》、ひつぎ、トランク、スーツ
ケースなど入れて、手押《てお》し車や荷車《にぐるま》にかくして運《はこ》び出しまし
た。一番たいへんなのは、いつ泣《な》き出すかわからない赤ちゃ
んです。そこで赤ちゃんには鎮静剤《ちんせいざい》を飲《の》ませてから、箱《はこ》や麻《あさ》
袋《ぶくろ》に入れて運《はこ》びました。
　ゲットーからの脱出《だっしゅつ》は、いろいろな危険《きけん》ととなり合わせで
した。

ある日、荷車《にぐるま》で、小さな女の子を外に連《つ》れ出そうとしたときのことです。イレーナは路地裏《ろじうら》の隅《すみ》に座《すわ》りこんでいる八歳《さい》くらいの男の子二人を見かけました。はだしの足先は、痛々《いたいた》しく真《ま》っ赤《か》にふくれあがっています。

「お父さん、お母さんはどうしたの？」

イレーナはそっと、男の子たちに話しかけました。外でうろうろしていては、ドイツ兵《へい》に捕《つか》まってしまいます。

「いない。どこかに行っちゃった」

「病気《びょうき》で死《し》んじゃった」

男の子たちは交互《こうご》に答えました。

名前を聞くと、ダヴィットとモイシェと答えました。二人はもう何カ月も前から、路上《ろじょう》で生活しているといいます。

「すぐに迎《むか》えに来るから、この場所《ばしょ》で待《ま》っていて」

「どこへ行くの？」

不安《ふあん》そうな顔でモイシェがたずねます。

「ゲットーから抜《ぬ》け出すのよ。安心《あんしん》して。わたしが安全《あんぜん》なかくれ場所《ばしょ》に連《つ》れて行くから」

イレーナは男の子たちにそう伝《つた》えると、荷車《にぐるま》にかくした女の子をまずゲットーの外に連《つ》れ出しました。

急《いそ》いで同じ場所《ばしょ》に戻《もど》ってくると、ダヴィットとモイシェの姿《すがた》はありません。

しばらくすると、ダヴィットがひとりで現《あらわ》れました。

「モイシェはどうしたの？」

「知らない、いなくなっちゃったんだ」

イレーナは辺《あた》りを見回しましたが、モイシェは見つかりません……。

ドイツ兵《へい》がうろついているゲットーで、子どもを探《さが》し出すことは難《むずか》しいことでした。

しかたなく、イレーナはダヴィットを連《つ》れて、裁判所《さいばんしょ》の秘《ひ》密《みつ》の抜《ぬ》け穴《あな》を通って、外へ出ました。

すると今度《こんど》は突然《とつぜん》、するどい声で呼《よ》び止められました。

「おい、待《ま》て！」

ふり向《む》くと、ひとりのポーランド人の男が立っていました。

「あんたが連《つ》れているのはユダヤ人の子どもだな？」

「違《ちが》うわ、わたしの子どもよ。この子に近寄《ちかよ》らないで！」

ところが、男はさらに近寄《ちかよ》ると、イレーナを脅《おど》してお金を要求《ようきゅう》しました。

「俺《おれ》はあんたたちが、ゲットーから出てくるところを見たんだ。黙《だま》っておいてやるから金を渡《わた》せ。でないと、今すぐ、ドイツ兵《へい》に引き渡《わた》すぞ！」

子どもの命《いのち》には替《か》えられません。しかたなく、イレーナはお金を男に渡《わた》しました。

男は「密告者《みっこくしゃ》」「ゆすりや」と呼《よ》ばれる人たちです。

外の世界《せかい》でも、「ユダヤ人」はつねに狙《ねら》われていました。イレーナのように自分の命《いのち》をかけて、ユダヤ人を救《すく》おうとする人たちがいる一方で、ユダヤ人をドイツ兵《へい》に引き渡《わた》してお金をもらったり、ユダヤ人を助《たす》けている人を脅《おど》したりする人もいたのです。

家族《かぞく》の再会《さいかい》のために

男が立ち去《さ》ると、イレーナはダヴィットにそっと言い聞かせました。

「いい？　今からあなたの名前はアンドレよ。自分がユダヤ人であることは、絶対《ぜったい》に誰《だれ》にも言ってはだめよ」

「ゲットーのことも？　友だちのモイシェのことも？」

「そうよ。戦争《せんそう》が終《お》わるまでのしんぼうよ、わかった？」

ダヴィットは小さくうなずきました。

彼《かれ》は生き抜《ぬ》くために、学ばなくてはならないのです。

これからはキリスト教徒《きょうと》の「アンドレ」としてふるまい、自分の名前も、家族《かぞく》のことも、すべて秘密《ひみつ》です。「本当の自分」をかくさなくてはいけないなんて、どれだけつらいことでしょう。

また、ときには、まわりの人に気づかれないために、子どもたちは何回もかくれ家を移《うつ》らなくてはなりませんでした。

そのたびに、名前も、家族《かぞく》も変《か》わってしまいます。

イレーナが小さな男の子を、別《べつ》の家族《かぞく》のところへ連《つ》れていくときのことです。

男の子はすすり泣《な》きながら、こう言いました。

「いったい、ぼくは何人のママを持《も》つことになるの？　これで三人目のママだよ！」

こんな場面に遭遇《そうぐう》するたび、イレーナの心は痛《いた》みました。

赤ちゃんであれば、この先、本当の家族《かぞく》を知らずに生きていくことになるかもしれません。

《いつか、戦争《せんそう》が終《お》わったら、子どもたちに本当の名前を知らせたい！　本当のお父さん、お母さんと再会《さいかい》できるようにしたい！》

イレーナは強く、そう願《ねが》っていました。

このことを実現《じつげん》するために、イレーナは里親たちに、「戦争《せんそう》が終《お》わったら、ユダヤ人の子どもは必《かなら》ず、生き残《のこ》った家族《かぞく》や親戚《しんせき》のもとに返《かえ》さなくてはなりませんよ」と伝《つた》えて、約束《やくそく》してもらいました。

そして、子どもたち一人ひとりの居場所《いばしょ》がわかるように、きちんと記録《きろく》をつけていたのです。

子どもたちの本当の名前、うその名前、そしてかくれ家の住所《じゅうしょ》——。イレーナはこうした情報《じょうほう》を、ティッシュペーパーやたばこの巻紙《まきがみ》に書きこむと、その紙をガラスのビンに詰《つ》めました。さらに念《ねん》のため、同じビンをもうひとつ、作っておきました。これで片方《かたほう》がなくなっても安心《あんしん》です。

ある晩《ばん》のことです。

銃《じゅう》を肩《かた》から提《さ》げたゲシュタポが突然《とつぜん》、イレーナの住《す》まいにやってきました。

「おまえのところで、ユダヤ人をかくしていないか？」

「ここにはいないわ」

冷静《れいせい》をよそおって答えながらも、イレーナの胸《むね》の鼓動《こどう》は高まりました。

近くのテーブルの上には、あのガラスのビンが置《お》いてあります。

ゲシュタポが気づいたら、おしまいです。ビンの中には、助《たす》け出した子どもたちの「命《いのち》」が入っているようなものでした。

そのとき、一緒《いっしょ》にいた連絡係《れんらくがかり》の仲間《なかま》が機転《きてん》をきかせて、ガラスのビンを自分の下着《したぎ》の中にかくしました。

ゲシュタポはぐるりと部屋《へや》の中を歩きまわり、

「ユダヤ人を見つけたら、必《かなら》ず知らせるように」

と言うと去《さ》っていきました。

「危《あぶ》ないところだったわね」

イレーナは胸《むね》をなで下ろしました。

「ヨランタ、気をつけて。彼《かれ》らはあなたのことを狙《ねら》っているのよ。ユダヤ人を助《たす》けた罪《つみ》で捕《つか》まる人が増《ふ》えているわ……」

仲間《なかま》がイレーナのことを心配《しんぱい》しました。

ゲシュタポはジェゴタの活動《かつどう》に気づき、イレーナの周辺《しゅうへん》をかぎまわっていたのです。

この日以降《いこう》、イレーナは大切なガラスのビンを家の中に置《お》くことをやめ、友人宅《たく》の庭《にわ》にあるりんごの木の下に埋《う》めることにしました。皮肉《ひにく》にも、その庭《にわ》から通りをへだてたところには、ドイツ軍《ぐん》の兵舎《へいしゃ》が建《た》っていました。

ときおり、イレーナはりんごの木の下を掘《ほ》り起《お》こして、助《たす》け出した子どもたちの名前を紙に書き加《くわ》えていったのです。

〝命《いのち》のリスト〟は百人を超《こ》え、三百人を超《こ》え、五百人を超《こ》え

――、イレーナたちの地道な救出活動《きゅうしゅつかつどう》によって、ワルシャワ・ゲットーから助《たす》け出される子どもたちはしだいに増《ふ》えていきました。

第3章

闘《たたか》いは続《つづ》く

捕《つか》まったイレーナ

一九四三年十月、とうとう、イレーナはゲシュタポ（秘密《ひみつ》国家警察《こっかけいさつ》）に捕《つか》まってしまいました。

まず、「秘密《ひみつ》の場所《ばしょ》」を知る人物《じんぶつ》がゲシュタポに捕《つか》まり、その人物《じんぶつ》がドイツ兵《へい》の拷問《ごうもん》に耐《た》えられなくなって、イレーナのことを話してしまったのです。

イレーナは、ワルシャワ中心部《ちゅうしんぶ》にある、悪名高《あくめいたか》い「パヴィアク監獄《かんごく》」に連《つ》れて行かれました。パヴィアク監獄《かんごく》には、ナチスに抵抗《ていこう》する地下組織《ちかそしき》、政治犯《せいじはん》の人たちが入れられていました。

「おまえが、ユダヤ人をゲットーから出したことはわかっているんだ！」

「仲間《なかま》は誰《だれ》だ？　どこにいるんだ？」

連日《れんじつ》、ドイツ兵《へい》はイレーナを責《せ》め立て、痛《いた》めつけます。何度《なんど》も何度《なんど》も、殴《なぐ》られ、蹴《け》られ、イレーナの顔は膨《ふく》れ上がり、全身《ぜんしん》はあざだらけになりました。

それでも、イレーナは決して、仲間《なかま》や子どもたちの居場所《いばしょ》を言いませんでした。激《はげ》しい痛《いた》みに耐《た》えながら、イレーナは自分を信《しん》じてついてきてくれた仲間《なかま》たち、家族《かぞく》とはなればなれになった子どもたちのことを考えていました……。自分が話すことによって、大勢《おおぜい》の人が殺《ころ》されるくらいなら、自分の命《いのち》はなくなってもいいと覚悟《かくご》していました。

イレーナには銃《じゅう》による処刑《しょけい》が言い渡《わた》されました。

処刑前日《しょけいぜんじつ》のことです――。

冷《つめ》たい牢《ろう》ごくの中で、傷《きず》ついたイレーナは横《よこ》たわっていました。ドイツ兵《へい》の暴力《ぼうりょく》によって、手と足の骨《ほね》は折《お》れてしまい、ひとりでは立つこともできません。

ひとりのドイツ人の守衛《しゅえい》が、牢《ろう》ごくの扉《とびら》を開《あ》けました。

「これだけ拷問《ごうもん》を受《う》けたのに、まだ生きていたとは驚《おどろ》いたな。それに一言も口を割《わ》らないとは、たいしたもんだ。これから、おまえを逃《に》がしてやる。仲間《なかま》に感謝《かんしゃ》しろ！」

男はそう言うと、イレーナをこっそり牢《ろう》ごくから連《つ》れ出しました。

実《じつ》は、「ジェゴタ」のメンバーがイレーナの命《いのち》と引きかえに、多額《たがく》のお金を守衛《しゅえい》の男に渡《わた》していたのです。

近くの森の中で解放《かいほう》されたイレーナは仲間《なかま》に助《たす》け出され、一命《いちめい》をとりとめました。

翌日《よくじつ》、ワルシャワの町のいたるところに、処刑《しょけい》された人たちの名前が張《は》り出されました。その中には、イレーナの名前もあります。あの守衛《しゅえい》の男がイレーナの脱出《だっしゅつ》がばれないように、処刑者《しょけいしゃ》リストにイレーナの名前を書いておいたのです。

「イレーナは殺《ころ》されてしまったのだ」

と町の人々は思いました。イレーナも自分の目で、自分が処刑《しょけい》されたという張《は》り紙を見ました。

ところがまもなく、ゲシュタポはイレーナが脱出《だっしゅつ》したことに気づきます。

お金を受《う》けとってイレーナを助《たす》けた守衛《しゅえい》の男は、死刑《しけい》よりも過酷《かこく》とされるソ連軍《れんぐん》との戦《たたか》いに送《おく》られてしまいました。

パヴィアク監獄《かんごく》から抜《ぬ》け出すと、イレーナはすぐに救出活《きゅうしゅつかつ》動《どう》を再開《さいかい》しました。

「急《いそ》がなくては……。ドイツ兵《へい》はユダヤ人をひとり残《のこ》らず、トレブリンカへ移送《いそう》してしまうわ」

「体は大丈夫《だいじょうぶ》なの？」

仲間《なかま》たちが心配《しんぱい》します。イレーナの全身《ぜんしん》にはドイツ兵《へい》の拷《ごう》問《もん》で受《う》けた傷《きず》がありました。松葉杖《まつばづえ》がなくては、満足《まんぞく》に歩くこともできません。

しかも、ゲシュタポのしつこい追跡《ついせき》を逃《のが》れるため、イレーナはユダヤ人と同じように、かくれて生活しなければならなくなりました。そのため、自分の母親のお葬式《そうしき》にも出られなかったのです。

それでも、イレーナの気持《きも》ちにまったく変《か》わりはありません。

「今、この活動《かつどう》をやめてはいけないわ。あきらめるわけにはいかない。この瞬間《しゅんかん》にも、ユダヤ人たちを乗《の》せた貨物車《かもつしゃ》はトレブリンカへ向《む》かっているのよ」

いつか戦争《せんそう》が終《お》わったとき、人々は正義《せいぎ》を知る。何が正しかったか、何がまちがっていたかを知る。そして、過去《かこ》のあやまちから、戦争《せんそう》のおそろしさを学ばなくてはならない――。

イレーナは固《かた》くそう信《しん》じていました。

「ユダヤ人たちは、タルムード（ユダヤ教の教えをまとめた本）

を引用《いんよう》して、こう言うわ。『ひとりを救《すく》うことのできる人は、世界《せかい》を救《すく》うことのできる人だ』って。今はわたしたち、一人ひとりの愛《あい》と勇気《ゆうき》が試《ため》されているのよ……」

ドイツの降伏《こうふく》

一九四五年五月、ドイツが降伏《こうふく》を受《う》け入れ、ようやく長い戦争《せんそう》が終《お》わりを迎《むか》えます。

中世《ちゅうせい》の町並《まちな》みが広がっていたワルシャワは、ドイツ軍《ぐん》に徹《てっ》底的《ていてき》に破壊《はかい》され、廃墟《はいきょ》となりました。

戦後《せんご》の混乱《こんらん》の中、イレーナはりんごの木の下から、ガラスのビンを掘《ほ》り起《お》こします。

「……あったわ！」

戦争《せんそう》が終《お》わるまでに、イレーナたちが救《すく》い出した子どもたちは、二千五百人にものぼっていました。〝命《いのち》のリスト〟をもとに、イレーナは子どもたちと家族《かぞく》を探《さが》しはじめます。

ところが、あれほど夢見《ゆめ》ていた家族《かぞく》の再会《さいかい》は、ほとんど果《は》たせませんでした。ワルシャワで生き残《のこ》ることのできたユダヤ人は、ごくわずかだったのです……。

ポーランドでは戦前《せんぜん》のユダヤ人人口の約《やく》九割《わり》、およそ三百万人の人々が殺《ころ》されました。ヨーロッパ全体《ぜんたい》では、およそ六百万人ものユダヤ人が、ホロコーストの犠牲《ぎせい》になりました。

また、ヒトラーの人種差別《じんしゅさべつ》によって、ユダヤ人だけでなく、大勢《おおぜい》のロマ族《ぞく》（ジプシー）、障害《しょうがい》を持《も》った人々も、絶滅収容所《ぜつめつしゅうようじょ》のガス室で殺《ころ》されました。
独裁者《どくさいしゃ》ヒトラーは、ドイツの敗戦直前《はいせんちょくぜん》に、ピストルで自《みずか》らの命《いのち》を絶《た》ちます。戦争《せんそう》が終《お》わると、ナチス・ドイツによるホロコーストは、「人間性《にんげんせい》に対《たい》する犯罪《はんざい》」として裁《さば》かれたのです。

終戦後《しゅうせんご》、ポーランドはソ連《れん》の強い干渉《かんしょう》のもと、社会主義《しゃかいしゅぎ》の国になります。

イレーナはワルシャワ・ゲットーのあった区域《くいき》の近くでくらしはじめました。社会福祉《しゃかいふくし》の仕事《しごと》を再開《さいかい》して、これまでと同じように困《こま》っている人たちを助《たす》け、孤児院《こじいん》や老人《ろうじん》ホームの設立《せつりつ》に力を注《そそ》ぎました。

1948年、パレードの車の中のイレーナ

1949年、
社会福祉事務所《しゃかいふくしじむしょ》のイレーナ

イレーナに助《たす》け出された子どもたちは、その後、さまざまな人生を歩んでいきました。多くの子どもたちは里親のもとに残《のこ》り、ポーランドでくらしました。

約《やく》四百人の子どもたちは、ジェゴタのリーダー「アドルフ・バーマン」と一緒《いっしょ》に、「イスラエル」へ移住《いじゅう》しました。

イスラエルは、新しいユダヤ人の国です。ホロコーストの教訓《きょうくん》から、ユダヤ人たちの間で、「祖国《そこく》を作ろう」というシオニズム運動《うんどう》が盛《さか》んになって、一九四八年五月に建国《けんこく》されました。

行方《ゆくえ》がわからなくなってしまった子どもたちも、四百人から五百人ほどいます。もしかしたら、世界《せかい》のどこかで、自分が「ユダヤ人」であることを知らずに生きているかもしれません……。

ポーランドではごく一部《いちぶ》の人しか、戦時中《せんじちゅう》のイレーナの活躍《かつやく》を知りませんでした。社会主義《しゃかいしゅぎ》の社会では、歴史《れきし》の事実《じじつ》はおおいかくされたからです。

一九六五年、イスラエルのヤド・ヴァシェム（ホロコースト記念館《きねんかん》）は、イレーナの救出活動《きゅうしゅつかつどう》を称《たた》え、イレーナを「諸国民《しょこくみん》の中の正義《せいぎ》の人」に認定《にんてい》します。

それでも、世界《せかい》の人たちに、イレーナのことが広く知られることはありませんでした。

イレーナはワルシャワで質素《しっそ》な生活を続《つづ》け、静《しず》かに年を重《かさ》ねていきました——。

1949年、イレーナと娘《むすめ》のジェンカ

舞台《ぶたい》『ビンの中の命《いのち》』

時は流《なが》れ――、一九八九年、ポーランドは民主主義《みんしゅしゅぎ》の国に生まれ変《か》わります。

ポーランドの民主化《みんしゅか》は、歴史《れきし》の中に埋《う》もれていたイレーナの活動《かつどう》を、世界《せかい》の人たちが知る分岐点《ぶんきてん》となりました。

一九九九年、ポーランドから遠く離《はな》れたアメリカ、カンザス州《しゅう》ユニオン・タウンでのことです。

ミーガン、エリザベス、サブリナ、ジェシカ――。地元の小さな高校に通う四人の女子生徒《じょしせいと》たちは、全米《ぜんべい》の歴史研究《れきしけんきゅう》コンテストに発表《はっぴょう》するテーマを探《さが》していました。

ノーマン・コナード教師《きょうし》は、過去《かこ》に掲載《けいさい》されたある記事《きじ》に目をとめます。一九九四年の「USニュース・アンド・ワールドレポート」。

もうひとりのシンドラー

という見出しで、その記事《きじ》は第二次世界大戦中《だいにじせかいたいせんちゅう》に二千五百人の子どもたちを救《すく》ったポーランド人女性《じょせい》を紹介《しょうかい》していました。

シンドラーとは、すでに世界的《せかいてき》に知られていたドイツ人実業家《じつぎょうか》、「オスカー・シンドラー」のことです。シンドラーは戦時中《せんじちゅう》、ユダヤ人たちを自分の工場で働《はたら》かせて、約《やく》千二百人の命《いのち》をホロコーストから救《すく》いました。

コナード教師《きょうし》はイレーナを紹介《しょうかい》した記事《きじ》を読んで、「オスカー・シンドラーでも千二百人だったのだから、二千五百人ではなくて、二百五十人の数字の間違《まちが》いではないのかな？」

とさえ思いました。

当時、「イレーナ・センドラー」に関《かん》する記事《きじ》やニュースはほとんどなく、誰《だれ》も名前すら聞いたことがなかったのです。

コナード教師《きょうし》は記事《きじ》の切り抜《ぬ》きを、生徒《せいと》たちに手渡《てわた》して、

「こんなすばらしい女性《じょせい》がポーランドにいたらしいんだ。もっと、くわしく調《しら》べてみたらどうだい？」

とコンテストの研究《けんきゅう》テーマにすすめました。

イレーナについて調《しら》べ始《はじ》めた生徒《せいと》たちは、彼女《かのじょ》の勇気《ゆうき》ある行動《こうどう》の数々に心を打《う》たれました。

もっと多くの人たちにイレーナのことを知ってもらいた

い！

そう思った生徒《せいと》たちは、イレーナの救出活動《きゅうしゅつかつどう》を短《みじか》いお芝居《しばい》にすることを思いつきました。

舞台《ぶたい》のタイトルは「ビンの中の命《いのち》」――。

イレーナが子どもたちの名前を、ティッシュやたばこの巻《まき》紙《がみ》に書きこんで、ビンの中にかくしていたことにちなんでつけました。

舞台《ぶたい》に使われたビン

イレーナについて調《しら》べていくうちに、生徒《せいと》たちは九十歳《さい》近い彼女《かのじょ》がワルシャワで生きていることを知って驚《おどろ》きます。

さっそく、生徒《せいと》たちはイレーナ本人に手紙を書きました。ある日突然《とつぜん》、遠く離《はな》れたアメリカの田舎《いなか》から届《とど》いた一通の手紙に、今度《こんど》はイレーナが驚《おどろ》く番です。さらに驚《おどろ》くべきことに、戦争中《せんそうちゅう》の自分の活動《かつどう》が舞台《ぶたい》になることが書いてあったのです。

イレーナは、世界《せかい》のひとりでも多くの人に、あの忘《わす》れてはならない悲劇《ひげき》を知ってもらうことに大賛成《だいさんせい》でした。何よりも、自分の思いを受《う》け継《つ》いでくれる若《わか》い人たちが現《あらわ》れたことに感《かん》激《げき》しました。

一九九九年、カンザス州《しゅう》で「ビンの中の命《いのち》」が上演《じょうえん》されました。

公演後《こうえんご》の生徒《せいと》たち

実話《じつわ》をもとにした舞台《ぶたい》は大きな反響《はんきょう》を呼《よ》び、「ビンの中の命《いのち》」はカンザス州《しゅう》の歴史研究《れきしけんきゅう》コンテストで一位を獲得《かくとく》します。イレーナにそのことを知らせると返事《へんじ》が来ました。

《親愛《しんあい》なる友へ

お芝居《しばい》の脚本《きゃくほん》と手紙を送《おく》ってくれて、どうもありがとう。手紙には、あなた方の「ビンの中の命《いのち》」が、カンザス州で一等《いっとう》を獲得《かくとく》したことが書いてありましたね。心の底《そこ》から、本当におめでとう！ 手紙を受けとったあと、すぐに長い返事《へんじ》を書き始《はじ》めたのですが、体調《たいちょう》が悪《わる》くなって書き終《お》えることができませんでした。数週間ほど入院《にゅういん》することになったので、退院《たいいん》したら書き終《お》えたいと思います。もう少し、待《ま》っていてくださいね。しばらくしたら、愛情《あいじょう》たっぷりの手紙を書いて送《おく》りますから。

愛《あい》をこめて　イレーナ（ヨランタ）より。二〇〇〇年六月六日》

イレーナからの手紙にはいつも、カンザス州《しゅう》の生徒《せいと》たちへの思いやりがあふれていました。

ポーランドとアメリカ。国や人種《じんしゅ》、言葉《ことば》を越《こ》えて、イレーナと生徒《せいと》たちの交流《こうりゅう》はしだいに深《ふか》まっていきます。

二〇〇一年五月、コナード教師《きょうし》と生徒《せいと》たちは、ワルシャワまでイレーナに会いに行きました。この海を越《こ》えた出会いを、ポーランド、アメリカの新聞《しんぶん》や週刊誌《しゅうかんし》は大きく報《ほう》じました。

この頃《ころ》から、イレーナは、

「新聞《しんぶん》であなたの顔写真《かおじゃしん》を見て、あのときのことを思い出したんだ。あなたはぼくをゲットーから連《つ》れ出してくれた人だ！」

といった電話を何度《なんど》も受《う》けるようになります。

声の主《ぬし》は、かつてイレーナが救《すく》った子どもたちです。子どもたちはイレーナのことを、当時の暗号名《あんごうめい》「ヨランタ」としてしか知らず、命《いのち》の恩人《おんじん》を探《さが》すことができなかったのです。

カンザス州《しゅう》の生徒《せいと》たちの活動《かつどう》は、イレーナと「イレーナの子どもたち」を再会《さいかい》させるきっかけにもなりました。

この舞台《ぶたい》の活動《かつどう》に、積極的《せっきょくてき》に協力《きょうりょく》してくれる「イレーナの子どもたち」も現《あらわ》れました。

ひとりは現在《げんざい》、カナダのモントリオールに住《す》んでいるレナタ・ザイマン。レナタは十四歳《さい》のとき、イレーナの仲間《なかま》によって、ワルシャワ・ゲットーから救《すく》い出されました。ところが、途中《とちゅう》で救出者《きゅうしゅつしゃ》とはぐれてしまい、レナタはときには路上《ろじょう》で物ごいをしながら、ひとりで生き延《の》びました。数カ月後、奇跡的《きせきてき》にイレーナたちと再会《さいかい》して、レナタは助《たす》け出されたのです。

それから、ワルシャワに住《す》んでいるエルジュビエタ・フィコフスカです。

エルジュビエタはまだ生後五カ月のとき、大工道具《だいくどうぐ》の箱《はこ》に入れられて、ワルシャワ・ゲットーから救《すく》い出されました。彼女《かのじょ》の両親《りょうしん》は、愛《あい》する娘《むすめ》のために、名前と生年月日を書いた紙、そして銀《ぎん》のスプーンを箱《はこ》の中に入れておいたといいます。

現在《げんざい》、エルジュビエタは、子どもの生存者《せいぞんしゃ》グループの代表《だいひょう》として、ポーランドの学生たちにホロコーストについて教えています。

二〇〇八年春までに「ビンの中の命《いのち》」は、アメリカ、カナダ、ヨーロッパで二百五十回以上《いじょう》も上演《じょうえん》されました。

ポーランドのワルシャワで上演《じょうえん》した際《さい》には、会場に約《やく》二百人の「イレーナの子どもたち」がつめかけました。

ワルシャワ・ゲットーでの苦《くる》しかった日々、トレブリンカへ連《つ》れて行かれた家族《かぞく》のこと……。生徒《せいと》たちの熱《ねつ》のこもった演技《えんぎ》が進《すす》むうち、当時の記憶《きおく》がよみがえり、泣《な》き出す人たち

「ビンの中の命《いのち》」N.Y《ニューヨーク》公演《こうえん》のチラシ

が後を絶《た》ちません。

舞台《ぶたい》が終《お》わると、観客《かんきゃく》のひとりは、生徒《せいと》たちにこう言い残《のこ》しました。

「この芝居《しばい》と同じ体験《たいけん》をしたときのことを、今でもはっきりと覚《おぼ》えているよ……」

ひとりの勇気《ゆうき》は世界《せかい》を変《か》える

二〇〇三年、ローマ教皇《きょうこう》のヨハネ・パウロ二世《にせい》は、イレーナに親書を送《おく》って、献身的《けんしんてき》な活動《かつどう》を賞賛《しょうさん》しました。続《つづ》いて、ポーランド政府《せいふ》からポーランド最高《さいこう》の栄誉《えいよ》である「白鷲勲《しろわしくん》章《しょう》」、アメリカ・ポーランド文化《ぶんか》センターから「ヤン・カル

スキ記念《きねん》 愛《あい》と勇気《ゆうき》の賞《しょう》」が贈《おく》られます。

二〇〇七年、イレーナは「ノーベル平和賞《へいわしょう》」の候補《こうほ》に選《えら》ばれました。同賞《どうしょう》は、元アメリカ副大統領《ふくだいとうりょう》の「アル・ゴア」に贈《おく》られましたが、イレーナの偉業《いぎょう》が世界《せかい》に認《みと》められたできごとでした。

「ノーベル平和賞《へいわしょう》」候補者《こうほしゃ》への表彰式《ひょうしょうしき》には、九七歳《さい》になっていたイレーナは出席《しゅっせき》できませんでした。でも、「イレーナの子どもたち」のひとり、エルジュビエタが代《か》わりに出席《しゅっせき》して、イレーナの声明《せいめい》を読み上げました。

戦争《せんそう》が終《お》わってから六十年あまり――。ようやく、イレーナの活動《かつどう》は世界《せかい》に知れわたり、賞賛《しょうさん》の輪《わ》は広がっていったのです。

イレーナ自身《じしん》は、「英雄《えいゆう》」や「ヒーロー」と言われることには、とまどいを感《かん》じていました。

イレーナはさまざまなインタビューで、「わたしは英雄《えいゆう》ではありません。ただ、当たり前のことをしただけです」

と語っています。

《もっと、多くの子どもの命《いのち》を救《すく》うことができたはずなのに……。》

そんな悔《くや》しい思いをずっと胸《むね》に抱《いだ》いたまま、生きているというのです。

今でも、夢《ゆめ》の中で、家族《かぞく》と別《わか》れるときの子どもたちの泣《な》き声が聞こえてくると、イレーナは打《う》ち明けています。

2003年、ポーランド首相《しゅしょう》とイレーナ

ともに命《いのち》をかけて闘《たたか》った仲間《なかま》たちが、もうこの世にいないことも、イレーナにとって悲《かな》しいことでした。

「仲間《なかま》たちが長生きできず、いま自分に注《そそ》がれている名誉《めいよ》を受《う》けられないことが、とても残念《ざんねん》です。もし、信頼《しんらい》できる勇《ゆう》敢《かん》な仲間《なかま》がいなかったら、わたしひとりでは何もできなかったでしょう……」

ワルシャワ・ゲットーは、ユダヤ人絶滅計画《ぜつめつけいかく》とともに解体《かいたい》され、今はもうその姿《すがた》はありません。現在《げんざい》のうつくしいワルシャワの歴史地区《れきしちく》は、ドイツ軍《ぐん》に破壊《はかい》される前の写真《しゃしん》や絵をもとにして作られたものです。見事《みごと》に復元《ふくげん》された戦前《せんぜん》の町並《まちな》みは、一九八〇年に「世界遺産《せかいいさん》」に登録《とうろく》されました。

しかし現在《げんざい》も、ワルシャワのいたるところに、命《いのち》をかけた救出《きゅうしゅつ》の跡《あと》が残《のこ》っています。

ゲットーへ通じる抜《ぬ》け穴《あな》のあった裁判所《さいばんしょ》、子どもたちが地下にかくれていた店、根《ね》もとにガラスのビンを埋《う》めたりんごの木……。

イレーナの体にも、拷問《ごうもん》による傷《きず》が残《のこ》り、悲劇《ひげき》が刻《きざ》みこまれていました。

だけど、もっとも深《ふか》く、強く、ホロコーストの傷跡《きずあと》が残《のこ》っているのは――、あの苦《くる》しみを体験《たいけん》した人たちの心の中なのです。

ホロコーストは、決《けっ》して忘《わす》れられない悲劇《ひげき》です。決《けっ》して、忘《わす》れてはいけない人類《じんるい》の犯《おか》した過《あやま》ちです。ただそれでも、おろかで残虐《ざんぎゃく》な行為《こうい》の陰《かげ》で、イレーナのような人がいたことは、わたしたちにとって一筋《ひとすじ》の希望《きぼう》の光といえるでしょう。イレーナはつねに平和《へいわ》を心から願《ねが》い続《つづ》け、数々の言葉《ことば》を残《のこ》しました。

「世界《せかい》のすべての争《あらそ》いがなくなることを、この新年に祈《いの》ります。あなた方の活動《かつどう》によって、愛《あい》と寛容《かんよう》の心が世界中《せかいじゅう》に広がっていきますように。戦争《せんそう》は負《ま》ける側《がわ》だけでなく、勝《か》つ側《がわ》も傷《きず》つけるということに、世《せ》界《かい》のすべての人々が気づきますように」(二〇〇二年大みそか、生徒《せいと》たちへ送《おく》ったカード)

「罪《つみ》のない子どもたちを傷《きず》つける戦争《せんそう》や紛争《ふんそう》が、この世《よ》からなくなりますように。世界中《せかいじゅう》のすべての人が、相手《あいて》の立場、苦《くる》しみ、気持《きも》ちを考えて行動《こうどう》すれば、この世《よ》から戦争《せんそう》はなくなるはずです。平和《へいわ》への希望《きぼう》を捨《す》ててはいけないと思います」（二〇〇三年十二月、生徒《せいと》たちへの手紙）

「第二次世界大戦《だいにじせかいたいせん》のあと、人類《じんるい》は大切なことを学び、あのような悲劇《ひげき》は二度《にど》と起《お》こらないように思われました。ところが、今でも、宗教間《しゅうきょうかん》、民族間《みんぞくかん》、国家間《こっかかん》の戦争《せんそう》は続《つづ》いていて、たくさんの命《いのち》が奪《うば》われています……。人類《じんるい》は過去《かこ》から、何も学んではいなかったのです。わたしたちに愛《あい》と寛容《かんよう》、ゆずり合いの精神《せいしん》があれば、世界《せかい》はもっとよくなるはずです」（二〇〇七年はじめ、ＡＢＣニュースのインタビュー）

2005年、95歳《さい》のイレーナ

二〇〇八年五月十二日。イレーナ・センドラーは九八歳《さい》でこの世を去《さ》りました。

尊敬《そんけい》していた父親の意志《いし》を引継《ひきつ》ぎ、すべての人を愛《あい》し、生涯《しょうがい》を通して苦《くる》しんでいる人たちに手を差《さ》しのべた人生でした。

イレーナの生き方は、たくさんのことをわたしたちに教えてくれます。

勇気《ゆうき》、強さ、やさしさ、思いやり。そして、決《けっ》してあきらめないこと――。

「ひとりを変《か》えることができれば、世界《せかい》を変《か》えることができる」

この言葉《ことば》どおり、イレーナはその死後《しご》も、世界中《せかいじゅう》の人たちの心をゆさぶっているのです。

【参考文献】

『子どもたちのホロコースト』
ローレル・ホリディ編／横山絹子訳　小学館　一九九七年

『死の影で遊んだ　ホロコーストの子どもたち』
ジョージ・アイゼン著／下野博訳　立風書房　一九九六年

『ホロコースト』
芝健介著　中公新書　二〇〇八年

『ポーランドのユダヤ人』
フェリクス・ティフ編著／阪東宏訳　みすず書房　二〇〇六年

【協力】

LIFE IN A JAR: THE IRENA SENDLER PROJECT
http://www.irenasendler.org/

著　平井美帆

ノンフィクション作家。1971年大阪府吹田市生まれ。1993年南カリフォルニア大学シアターアーツ科卒業。ロサンゼルスの日本語情報誌の記者を経て、フリーに。2002年に帰国し、長年にわたる海外生活を生かした執筆活動に取り組んでいる。著書に『あなたの子宮を貸してください』（講談社、2006年）『世界のお金事典』（汐文社、2006年）など。

装丁　オーク

イレーナ・センドラー
―ホロコーストの子ども達の母―

発行日　2008年11月 1日　初版第1刷発行
　　　　2019年 4月25日　初版第7刷発行

著　平井美帆
発行者　小安宏幸
発行所　株式会社 汐文社
〒102-0071　東京都千代田区富士見1-6-1
富士見ビル1F
電話 03-6862-5200　FAX 03-6862-5202
http://www.choubunsha.com

印刷　新星社西川印刷株式会社
製本　東京美術紙工協業組合

乱丁・落丁本はお取り替えいたします
ご意見・ご感想はread@choubunsha.comまでお送り下さい。
ISBN978-4-8113-8498-6